孔子和他的弟子们

④ 师业传承

蓝色小象·著绘　王强·审校

电子工业出版社
Publishing House of Electronics Industry
北京·BEIJING

未经许可，不得以任何方式复制或抄袭本书之部分或全部内容。
版权所有，侵权必究。

图书在版编目（CIP）数据

孔子和他的弟子们. ④, 师业传承 / 蓝色小象著、绘. -- 北京 : 电子工业出版社, 2025. 7. -- ISBN 978-7-121-50643-7

Ⅰ. B222.2-49

中国国家版本馆CIP数据核字第2025X00Z31号

责任编辑：李黎明
印　　刷：北京宝隆世纪印刷有限公司
装　　订：北京宝隆世纪印刷有限公司
出版发行：电子工业出版社
　　　　　北京市海淀区万寿路173信箱　邮编：100036
开　　本：720×1000　1/16　印张：8.75　字数：91千字
版　　次：2025年7月第1版
印　　次：2025年7月第1次印刷
定　　价：39.80元

凡所购买电子工业出版社图书有缺损问题，请向购买书店调换。若书店售缺，请与本社发行部联系，联系及邮购电话：（010）88254888，88258888。

质量投诉请发邮件至zlts@phei.com.cn，盗版侵权举报请发邮件至dbqq@phei.com.cn。

本书咨询联系方式：电话（010）88254417；邮箱lilm@phei.com.cn。

序言

孔门师徒，千秋儒风

在历史的长河中，有这样一位先贤，他以深邃的智慧、博大的仁爱，照亮了华夏文明的天空，他就是被后世尊称为"圣人""至圣先师"的孔子。孔子，名丘，字仲尼，春秋末期鲁国郰邑人。他不仅是中国古代伟大的哲学家、教育家，更是儒家学派的创始人，其思想影响深远，跨越两千五百多年，至今仍闪耀着智慧的光芒。

孔子的一生，是传道授业、不懈探索的一生。在那个诸侯纷争、礼崩乐坏的年代，孔子怀揣着对理想社会的向往，周游列国，宣传他的仁礼之道，虽历经坎坷，却从未放弃。他提出"己所不欲，勿施于人"的黄金处世法则，倡导"君子之道"，强调个人修养要与社会和谐统一，为后世树立了道德典范。

孔子的身后，是一群忠诚追随他而又才华横溢的弟子。他们来自五湖四海，背景各异，因对知识的渴望和对师道的尊崇而聚集在一起，共同构成了儒家学派的核心力量。其中，有被称为孔子首席大弟子的颜回，有能够听琴音知心声的子骞，有"小财神"子贡，还有多才多艺的子有……他们不仅从孔子那里学到了丰富的知识，更重要的是，他们还在孔子的教育与熏陶下，修养了品性，形成了独特的人格魅力和高尚情操，使儒家精神得以代代相传。

孔子与弟子们的故事，不仅仅是古代教育的典范，更是人类文明史上师徒相传、文化继承的光辉篇章。他们用行动诠释了"教学相长"的真谛，展现了知识传承与文化创新的力量。

可惜的是，关于他们的故事，很少有系统而详细的记载。《论语》《孔子家语》等古籍虽记录了孔子及其弟子的言行，但对孩子们来说，语言可能过于艰涩。蓝色小象推出的这套《孔子和他的弟子们》以漫画故事这种通俗易懂的形式，将孔子及其弟子的经典语录进行了生动的演绎。此外，这套书还特别设计了知识拓展部分，以图文并茂的形式，对孔子及其弟子的生平进行了展示。透过这些故事，我们可以看到孔子的教育智慧和弟子们的风采。比如，孔子去武城探望弟子言偃时，发现这里到处都飘荡着弦歌之声。孔子对言偃说"割鸡焉用牛刀"，意思是武城太小，哪里用得着用音乐开启民智呢？孔子后来意识到自己说错了话，便立刻解释说自己是在开玩笑，言偃的话是正确的。这正是"君子坦荡荡"的典范。再如，其弟子冉雍的故事告诉我们，即便是出身平凡的放牛娃，也能够凭借好学上进的精神成长为一代大儒。

今天，当我们重新研读孔子及其弟子的语录时，仍然会为他们的智慧、勇气与坚持所感动。这些卓越的榜样，将给予我们巨大的精神力量，引导我们不畏险阻，砥砺向前。

《论语》这部巨著中的许多语录，如今已随处可见，但我们知其然，更要知其所以然。如果要了解其含义和使用场景，读十遍文字，可能都不如看一遍生动的漫画更直观。比如，我们常听到"己所不欲，勿施于人",它表达的意思是:自己不想要的,不要强加给别人。但鲜少有人知道,这是孔子对弟子冉雍所提的问题的回答和对他的告诫。冉雍当时问孔子怎样才是"仁",孔子回答说:"出门在外,应时时像接待贵宾一样恭敬谨慎;役使老百姓,应像主持祭祀大典一样严肃认真。自己不想要的,不要强加于别人。"

　　许多人以为古人的言语迂腐过时,殊不知智慧是可以跨越时光,适用于现代生活的。理解了"己所不欲,勿施于人"这句名言之后,当我们与人相处时,便能够更懂得尊重他人的权利和感受,从而避免对他人造成伤害。

　　时光荏苒,两千五百多年过去了,那些古朴的语言不仅未被岁月的河流冲洗褪色,反而更添魅力,散发出更加耀眼的智慧之光。因为,无论时代如何变迁,人们都不会停止对真善美的追求,以及对道德与智慧的尊崇。

蓝色小象

2025年1月

目录

漫画	001	教育与理想
谈谈	008	孔子的理想

子曰

012	《论语·子路第十三》1~18

漫画	023	一只腿的鸟儿
谈谈	030	老冤家阳货

子曰

034	《论语·子路第十三》19~30
040	《论语·宪问第十四》1~7

漫画	045	政绩斐然
谈谈	052	孔子断案

子曰

056	《论语·宪问第十四》8~26

| 漫画 | **067** | 为人师表之典范：卜商 |
| 谈谈 | **074** | 桃李遍天下 |

子曰

078 《论语·宪问第十四》27~44

| 漫画 | **087** | 唯一的南方弟子：言偃 |
| 谈谈 | **094** | 孔门的"纷争" |

子曰

098 《论语·卫灵公第十五》1~20

| 漫画 | **109** | 最低调的弟子：澹台灭明 |
| 谈谈 | **116** | 圣人的误判 |

子曰

120 《论语·卫灵公第十五》21~42

教育与理想

……

教育与理想

回到鲁国后,将近不惑之年的孔子除了专心办学,也很用心地教育子女。

在孩子面前,孔子并不严厉,不会轻易责罚他们。

有一次,孔鲤看到孔子站在庭院中。他想快点走过去,却被叫住了。

学过诗了吗?

没有……

不学诗就不会讲话啊!

父亲,我以后定会好好学诗!

教育与理想

教育与理想

教育与理想

教育与理想

教育与理想

孔子的理想

漫画故事中,孔子让几位学生畅谈各自的理想。他曾说自己的志向和曾点[1]相同。曾点是谁呢?他是孔子的学生曾参(即曾子)的父亲。这位弟子的理想与众不同,别人说的都是治国安邦的豪言壮志,他却只想等春天阳光明媚的时候,叫上几个朋友,一同去河边泡泡澡,吹吹风,然后快乐地唱着歌回家。

孔子的理想

这听起来不算理想的理想竟说到了孔子的心坎上,他居然也向往这样的生活,可见孔子是一个懂得生活趣味的人。

其实,孔子不止一次和弟子们谈起自己的理想。有一次,他和颜回、子路两位爱徒讨论对未来的想法。孔子说:"你们怎么不谈谈自己的志向呢?"子路说:"我愿意和朋友一同享用我的车马和衣服,用坏了也没什么好遗憾的。"孔子点点头,这正符合子路一直以来快意人生的潇洒性格。

颜回则说:"我希望能够做到不夸耀自己的成就,也不去麻烦别人。"颜回确实也是这样情绪稳定的人,身处陋巷,依然能够怡然自得。

那么他们的老师孔子呢?

被子路问起时,孔子直接说出了三个愿望——"老者安之,朋友信之,少者怀之"。

"老者安之"就是对老年人加以安抚。孔子一向是敬老爱老的。他在鲁国当大司寇[2]时,与乡亲们一起喝酒聚会,散场时还要等拄着拐杖的老人们先离开,自己再走。

"朋友信之"就是对朋友加以信任。孔子曾说:"有朋自远方来,不亦乐乎?"从中可以看出他对朋友的重视。他的至交蘧(qú)伯玉[3]比他大近三十岁,两人却在为人处世、治国理念等方面志同道合,十分投契,是真正的忘年交。

蘧伯玉是卫国大夫,早有贤名。孔子周游列国到卫国时,蘧伯玉曾邀请他住在自己的家中,从而为漂泊在外的孔子师徒提供了安身落脚之地。两人都博通经史,因此相谈甚欢,很快便成为了朋友。孔子曾称赞蘧伯玉是真正的君子。

而"少者怀之"则是要对少年加以爱护。孔子不只关注弟子们的学业,更关心他们的心灵。对于家贫但好学的弟子,他给予资助;对于误入歧途的弟子,他直斥对方的错误之处,给予纠正。

这三个愿望,孔子不仅仅是心向往之,更是身体力行地实践了一生。即便在他去世之后,他的思想依然启发和警示着后人。

[1] 曾点：字皙，孔子早期弟子之一，"宗圣"曾参之父，鲁国人。

[2] 大司寇：古代掌管司法活动的官职。春秋时，周王室和各诸侯国都设有司寇之官。其中宋、鲁的司寇又分为大司寇和少司寇。大司寇的职责包括听狱讼、制刑罚等。

[3] 蘧伯玉：姬姓，蘧氏，名瑗，字伯玉，卫国大夫，他主张"弗治之治"，即通过执政者的道德榜样来感化、影响人民，从而实现国家的治理。这种思想与道家"无为而治"的理念有相通之处，也与儒家"以德治国"的理念相契合。

《论语·子路第十三》1~18

指为政者身体力行，凡事率先垂范，以身作则。一切政教，当以躬行为先。

子路问政。子曰："先之，劳之。"请益。曰："无倦。"

【译文】
　　子路询问为政之道。孔子说："先以身作则，再带动百姓勤勉不懈地干。"（子路）请求多讲一些。（孔子）说："永远不要松懈怠惰。"

古代负责具体事务的官吏。

举荐，推举，提拔。

难道，表反问。

仲弓为季氏宰，问政。子曰："先有司，赦小过，举贤才。"

曰："焉知贤才而举之？"子曰："举尔所知。尔所不知，人其舍诸？"

【译文】
　　仲弓做季氏的家臣，向孔子询问为政之道。孔子说："先责成手下负责具体事务的官吏，使他们各司其职，赦免部下的小过失，举荐、提拔贤良的人才。"
　　（仲弓）说："怎样识别贤良人才而举荐他们呢？"孔子曰："举荐你所了解的。你不了解的那些人，别人难道会埋没他们吗？"

《论语·子路第十三》1~18

子路曰:"卫君待子而为政,子将奚先?"

子曰:"必也**正名**乎!"

子路曰:"有是哉,子之迂也!奚其正?"

子曰:"**野哉,由也**!君子于其所不知,盖**阙**如也。名不正,则言不顺;言不顺,则事不成;事不成,则礼乐不兴;礼乐不兴,则刑罚不**中**;刑罚不中,则民无所**错**手足。故君子名之必可言也,言之必可行也。君子于其言,无所**苟**而已矣!"

正名分。

指责子路言辞粗野。

同"缺",存疑。

得当。

同"措"。放置。

马马虎虎。

【译文】

子路说:"(如果)卫国国君等待先生去治理国家,先生打算先做什么?"

孔子说:"一定是正名分吧。"

子路说:"先生的迂腐竟到了这种地步!(名分)有什么可纠正的?"

孔子说:"仲由,你可真粗鲁啊!君子对于他不了解的事情,大概应该存疑,持保留态度吧。名分不正,那么说话就不顺当;说话不顺当,那么事情就办不成;事情办不成,那么礼乐就不能兴起;礼乐不能兴起,那么刑罚就不会得当;刑罚不得当,那么老百姓就会(惶惶不安),连手脚该放在哪里都不知道。因此,君子确定名分,一定要说得清楚有理,说出来一定要行得通。君子对于自己的言语,没有半点马虎草率之处!"

《论语·子路第十三》1~18

菜地种菜。

从真心实情来对待，指真心实意，尽心尽力。

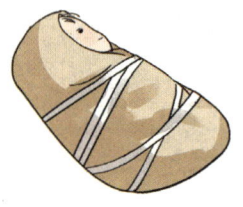

背婴孩的宽带子，被子和毯子等。

周公旦和康叔是兄弟，鲁国和卫国分别是两人的封地。

樊迟请学稼。子曰："吾不如老农。"请学为圃。曰："吾不如老圃。"

樊迟出。子曰："小人哉，樊须也！上好礼，则民莫敢不敬；上好义，则民莫敢不服；上好信，则民莫敢不用情。夫如是，则四方之民襁负其子而至矣，焉用稼？"

【译文】

樊迟（向孔子）请教种庄稼。孔子说："我不如老农夫。"樊迟又（向孔子）请教种菜。孔子说："我不如老菜农。"

樊迟退出。孔子说："樊迟真是个干粗活的人啊！居上位的人重视礼制，老百姓就没有人敢不敬畏；居上位的人喜欢道义，老百姓就没有人敢不服从；居上位的人崇尚诚信，老百姓就没有人敢不用真心实情来对待你。若能如此，那么四方的老百姓就会背着自己的子女来投靠了，哪里用得着亲自种庄稼呢？"

子曰："鲁卫之政，兄弟也。"

【译文】

孔子说："鲁国、卫国的政治，像兄弟一样相近。"

子曰:"**其身正,不令而行;其身不正,**虽令不从。"

指当政者。

【译文】

孔子说:"当政者自身端正,即使不下命令,老百姓也会照做;当政者自身不端正,即使下了命令,老百姓也不会服从。"

子曰:"诵《诗》三百,授之以政,不达;使于四方,不能专对;虽多,亦奚以为?"

通达,通晓;会处理,会运用。

独立应对。

【译文】

孔子说:"熟读《诗经》三百余篇,交给他政务,却处理不好;叫他当外交使节,却不能独立应对(外事交涉);即使读得多,又有什么用呢?"

卫献公的儿子，字南楚。

有钱。

差不多。

子谓卫公子荆："善居室。始有，曰：'苟合矣！'少有，曰：'苟完矣。'富有，曰：'苟美矣。'"

【译文】
　　孔子评论卫国的公子荆，说："他善于居家过日子。刚有一点儿财产时，（他）说：'差不多够了。'稍微增加一些财产时，（他）说：'差不多完备了。'财产富足时，（他）说：'差不多非常美好了。'"

驾车。

众多。这里指卫国人口众多。

子适卫，冉有仆。子曰："庶矣哉！"
　　冉有曰："既庶矣，又何加焉？"曰："富之。"
　　曰："既富矣，又何加焉？"曰："教之。"

【译文】
　　孔子到卫国去，冉有给他驾车。孔子说："（这儿）人好多啊！"
　　冉有说："人已经很多了，又该再做什么呢？"孔子说："让他们富裕起来。"
　　冉有又说："已经富裕起来了，又该再做什么呢？"孔子说："教化他们。"

《论语·子路第十三》1~18

子曰:"苟有用我者,期(jī)月而已可也,三年有成。"

"期",周。"周一岁之月",即一整年。

【译文】
孔子说:"如果有人用我(治理国家),只需一年就可以(见到成效),三年就能卓有成效。"

子曰:"'善人为邦百年,亦可以胜残去杀矣。'诚哉是言也!"

指很多年。

免去刑杀。

【译文】
孔子说:"'善人治理国家很多年,也就可以克服残暴,免去刑杀了。'这话说得真对呀!"

《论语·子路第十三》1~18

称王天下。

子曰:"如有王者,必世而后仁。"

【译文】
　　孔子说:"如果有称王天下的人出现,也一定要经过三十年才能实现仁政。"

古称三十年为一世。

有什么(困难)。

子曰:"苟正其身矣,于从政乎何有?不能正其身,如正人何?"

【译文】
　　孔子说:"如果端正了自身(品行),那么管理政事还有什么(困难)呢?如果不能端正自身(品行),怎么能去端正别人呢?"

《论语·子路第十三》1~18

冉子退朝。子曰："何晏也？"对曰："有政。"子曰："其事也。如有政，虽不吾以，吾其与闻之。"

冉有，此时为季氏的家臣。

晏，晚。

以，用。

【译文】

　　冉有从季氏的内朝回来。孔子说："为什么这样晚呢？"（冉有）回答说："有政务。"孔子说："是（季氏的）一般事务。如果有（国家）政务，即使（国君）不再用我了，我也会有所耳闻的。"

叶公问政。子曰："近者说（yuè），远者来。"

原为一小国，后属楚，由叶公治理。

通"悦"，高兴。

【译文】

　　叶公询问为政之道。孔子说："使近处的人民高兴，使远方的人来投靠你。"

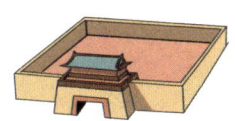

成语，一言兴邦。

将近，接近。

定公问："一言而可以兴邦，有诸？"

孔子对曰："言不可以若是。其几（jī）也，人之言曰：'为君难，为臣不易。'如知为君之难也，不几乎一言而兴邦乎？"

曰："一言而丧邦，有诸？"

孔子对曰："言不可以若是。其几也，人之言曰：'予无乐乎为君。唯其言而莫予违也。'如其善而莫之违也，不亦善乎？如不善而莫之违也，不几乎一言而丧邦乎？"

【译文】

鲁定公问道："一句话就可以使国家兴旺，有这样的话吗？"

孔子回答说："言语不可能像这样起作用。跟这相近的情况是，有人说：'做君主难，做臣下也不容易。'如果知道做君主难，这不就近似于'一句话就可以使国家兴旺'吗？"

（鲁定公又）说："一句话就可以使国家丧亡，有这样的话吗？"

孔子回答说："言语不可能像这样起作用。跟这相近的情况是，有人说：'我做君主，不觉得有什么快乐，唯一感到快乐的就是无论我说什么话都没有人违抗我。'如果说的话正确而没有人违抗他，不也是很好的吗？如果说的话不正确而没有人违抗他，这不就近似于'一句话就可以使国家丧亡'吗？"

《论语·子路第十三》1~18

子夏为莒(jǔ)父(fǔ)宰,问政。子曰:"无欲速,无见小利。欲速则不达,见小利则大事不成。"

鲁国城邑名,在今山东省莒县境内。

【译文】

子夏做了莒父的县长,询问治政之道。孔子说:"不要图快,不要只看见小利。图快,反而不能达到目的;只看见小利,就做不成大事。"

叶公语孔子曰:"吾党有直躬者,其父攘(rǎng)羊,而子证之。"孔子曰:"吾党之直者异于是。父为子隐,子为父隐,直在其中矣。"

乡党。

偷,窃。

【译文】

叶公告诉孔子说:"我的家乡有个行事正直的人,他父亲偷了别人的羊,他告发了父亲。"孔子说:"我们家乡的正直的人与此不同。父亲为儿子隐瞒,儿子为父亲隐瞒,正直的品德也就在里面了。"

向官府告发。

021

一只腿的鸟儿

...

一只腿的鸟儿

有一天,齐国的宫殿前出现了一只奇怪的鸟,它只长了一条腿。

这只鸟儿展翅跳跃,活泼异常。

齐国的君臣们从未见过这种鸟。

派史官子与到鲁国找孔夫子问问看,他或许知道这鸟儿的来历。

是,君上。

一只腿的鸟儿

子与落座后,向孔子描绘了一番怪鸟出现的情形。

"夫子认为,这鸟儿是何来历啊?"

"这种鸟叫作'商羊'。"

"从前有小孩会弯着一条腿唱着歌谣'上天将大雨降,商羊鸟欢快至',这是天将降下大雨的征兆。"

"请您赶紧回去告诉民众修筑堤坝,做好防御,以免水灾泛滥,伤害百姓。"

"一定!多谢夫子提醒!"

过了不久——

果然天降大雨,多个诸侯国都洪水泛滥。

一只腿的鸟儿

一只腿的鸟儿

在十余年的时间里,孔子一心办学。

少年阳货

曾将他拒之门外的老熟人阳货也在这段时间掌握了鲁国的控制权。

阳货(中年)

大人以为应当如何?

空有势力还不行,我们还得学会控制民心。

孔丘如今威望甚高,若将他拉拢过来,必能得到百姓的支持。

一只腿的鸟儿

但是，在阳货派去的人反复暗示之下，孔子只是装傻，故意不去见他。

按礼，大夫给士送礼，士若不能在家接受，就必须登门答谢大夫。这样他就不得不来见我了，呵呵！

周时礼节

阳货心生一计。

快！派人送一只乳猪给孔夫子！

夫人，礼物请您务必收下！

夫君此时不在家中，又当如何是好……

一只腿的鸟儿

老冤家阳货

在孔子的一生中,总有那么几个人是避无可避的存在,阳货就是其一。阳货也就是阳虎,《论语》中专门有一篇以他命名。此人是鲁国贵族季氏的家臣,和孔子年少时就已经认识了。

阳货无论是性格还是思想理念,都和孔子截然不同。在两人还都是十几岁的少年时,阳货已是季氏家族的大总管,而孔子刚刚丧母,还只是个精通"六艺"却无人知晓的士族[1]子弟。虽然他们都曾在泮宫读过书,又都在为季氏办事,却并无多少交集。

当季孙氏邀请士族子弟参加宴会,想要招纳人才时,孔子自然不想错过这个机会。他腰间扎着代表守孝的白布带来到了季氏门前。守在门前负责接待宾客的正是阳货。一看到孔子,他便傲慢地说:"季氏邀请的是士族子弟,可没说要请你。"

看到阳货的态度,孔子知道多说无益,于是悻悻离去。吃了闭门羹之后,孔子返乡寻根,又有了新的际遇。他在而立之年创办私学,得到了国君和三桓[2]的支持,办得有声有色,"孔圣人"的名号举国皆知。

而阳货则在季平子去世之后,剪除了季桓子的羽翼,成了鲁国政权的实际掌控者。他想讨伐小国颛臾,孔子知道后,严厉地斥责了这种做法,并指出季氏的忧患不在颛臾,而在鲁国朝廷内部。

此时,两人都已年过五十,阳货想要将德高望重的孔子拉拢到自己的阵营中。他故意趁孔子不在家时送去一只烤乳猪。按照规矩,大夫赏

赐给士礼物时,士如果不在家,就必须亲自到大夫家答谢。

孔子自然知道阳货的阴谋,但他又不想见到阳货,于是他也想了个办法,故意趁阳货不在家时去答谢。然而尴尬的是,两人在路上相遇了。阳货以"日月逝矣,岁不我与"[3]劝说孔子出来做官,孔子只得口头答应了对方。

三桓并不甘心被野心勃勃的阳货操控,联合起来反攻,阳货落败,逃往齐国,劝说齐景公出兵攻打鲁国。齐景公听了大臣鲍国劝说,把阳货抓起来,阳货逃亡晋国,最终在晋国得到重用,成为一国重臣。然而,孔子和阳货的缘分并未到此为止。

若干年后,当孔子对鲁国混乱的政治失望至极,周游列国时,却在宋国的匡邑遭到围攻。当地人之所以要为难孔子,是因为把他错认成了阳货。孔子长得与阳货十分相似,阳货的军队又曾在匡邑有过暴行,因此,阳货深为匡人所痛恨。

史料中并没有记载孔子的反应,想必孔子知道自己被困的缘由时,也是哭笑不得吧——孔子这一生和阳货纠缠几回,当他们双双离开国土后,孔子却因为长得像阳货被错认,遭遇险境,真是史上第一离谱事了。

注释

[1] 士族:春秋时期,社会群体分为卿、大夫、士三层;到了战国,士大夫渐渐成了官僚、贵族和有名望的知识分子的统称。

[2] 三桓:即指鲁国卿大夫孟孙氏、叔孙氏和季孙氏,他们都为鲁桓公之后,所以被人们称为"三桓"。鲁国从宣公起,政权就被三桓所掌控。

[3] 日月逝矣,岁不我与:参见《论语·阳货第十七》,意思是时光很快地流逝了,岁月是不等人的。

子曰

《论语·子路第十三》19～30

日常起居恭谨而不放肆。

对待他人。

樊迟问仁。子曰:"居处恭,执事敬,与人忠;虽之夷狄,不可弃也。"

【译文】

　　樊迟问怎样才是仁。孔子说:"生活起居要端庄有礼,办事要认真严肃,待人要诚心实意。即使是到了落后的夷狄之地,也不可放弃这些。"

中庸之道。

子曰:"不得中行而与之,必也狂狷(juàn)乎!狂者进取,狷者有所不为也。"

【译文】

　　孔子说:"如果找不到按中庸之道行事的人结交的话,那一定要结交狂者与狷者这两类人!狂者有进取心,狷者不肯做坏事。"

《论语·子路第十三》19～30

子曰

子贡问曰："何如斯可谓之士矣？"子曰："行己有耻，使于四方，不辱君命，可谓士矣。"

曰："敢问其次。"曰："宗族称孝焉，乡党称弟焉。"

曰："敢问其次。"曰："言必信，行必果，硁硁（kēng）然小人哉！抑亦可以为次矣。"

曰："今之从政者何如？"子曰："噫！斗筲（shāo）之人，何足算也！"

自己的行为。

同"悌"，尊敬兄长。

指行为固执。

斗是量器，筲是饭筐，喻指气量与见识狭小。

【译文】

子贡问道："怎样才可以称得上是士？"孔子说："用羞耻心来约束自己的行为，出使外国，能不辜负君主委托，完成使命，便可以称得上是士了。"

（子贡）说："冒昧地问，次一等的呢？"（孔子）说："宗族里的人称赞他孝顺父母，乡里的人称赞他尊敬兄长。"

（子贡）说："冒昧地问，再次一等的呢？"（孔子）说："说话一定守信用，做事一定果敢，（虽然这样做）是固执而不懂得权变的小人，不过也可算是再次一等的士了。"

（子贡）说："现在执政的那些人怎么样？"孔子说："唉！这些器量狭小的人，哪里能算数呢！"

035

《论语·子路第十三》19～30

用卜筮为人治病的人。

子曰:"南人有言曰:'人而无恒,不可以作巫医。'善夫!"

"不恒其德,或承之羞。"子曰:"不占而已矣。"

占卜。

【译文】

孔子说:"南方人有句话说:'人如果没有恒心,不可以做巫医。'(这话说得)太好了!"

(《周易·恒卦》中有这样的话:)"不持守德行,有可能受到羞辱。"孔子说:"(这是告诉不持守德行的人)不要去占卜罢了。"

和谐。

子曰:"君子和而不同,小人同而不和。"

【译文】

孔子说:"君子讲求和谐而不盲从附和,小人同流合污而不能和谐。"

子贡问曰:"乡人皆好之,何如?"子曰:"未可也。"

"乡人皆恶之,何如?"子曰:"未可也。不如乡人之善者好之,其不善者恶之。"

> 全乡的人。
>
> 讨厌。

【译文】

子贡问道:"全乡的人都喜欢他,(这个人)怎么样?"孔子说:"还不行。"

(子贡又问:)"全乡的人都厌恶他,(这个人)怎么样?"孔子说:"还不行。不如全乡人中的好人喜欢他,坏人厌恶他。"

子曰:"君子易事而难说也。说之不以道,不说也;及其使人也,器之。小人难事而易说也。说之虽不以道,说也;及其使人也,求备焉。"

> 同"悦"。
>
> 使用人才。

【译文】

孔子说:"给君子做事容易,却难以讨他喜欢。讨他喜欢的方法不正当的话,他是不会喜欢的;而等到他用人时,总是量才而用。给小人做事困难,却容易讨他喜欢。讨他喜欢的方法即使不正当,他也会喜欢;而等到他用人时,总是求全责备。"

安详舒泰。

子曰:"君子泰而不骄,小人骄而不泰。"

【译文】
　　孔子说:"君子安详舒泰,却不骄傲自大;小人骄傲自大,却不安详舒泰。"

果决,坚定,指做事有毅力。

质朴。

子曰:"刚、毅、木、讷,近仁。"

【译文】
　　孔子说:"刚强不屈、果敢坚毅、质朴老实、言语谨慎,(这四种品质)都接近于仁。"

好的、有作为的领导人。

类似于现在的"上战场"。

子曰:"善人教民七年,亦可以即戎矣。"

【译文】
　　孔子说:"好的领导人教练民众达七年之久,也就可以(让他们)参军作战了。"

《论语·子路第十三》19～30

子路问曰："何如斯可谓之士矣？"子曰："切切偲偲（sī），怡怡如也，可谓士矣。朋友切切偲偲，兄弟怡怡。"

相互切磋、勉励的意思。

和顺友好的样子。

【译文】

子路问道："怎样才可以称得上是士？"孔子说："互相勉励、督促，待人和睦，可以称得上是士了。朋友之间互相勉励、督促，兄弟之间和睦相处。"

子曰："以不教民战，是谓弃之。"

未经过军事训练的老百姓。

【译文】

孔子说："用未经训练的民众去作战，这可以说是抛弃了他们。"

039

《论语·宪问第十四》1~7

本义为果,引申为禄,俸禄。

宪问耻。子曰:"邦有道,谷;邦无道,谷,耻也。"

"克、伐、怨、欲不行焉,可以为仁矣?"子曰:"可以为难矣,仁则吾不知也。"

争强好胜。

自我夸耀。

通"谓"。

【译文】

原宪问怎样是可耻的。孔子说:"国家政治清明,可以做官得俸禄;如果国家政治黑暗,做官得俸禄就是可耻的。"

(原宪又问:)"没有好胜、自夸、怨恨、贪欲这四种毛病,可以算得上仁了吧?"孔子说:"可以算是难能可贵的了,至于(能否算得上)仁,我就不知道了。"

家居。此处指家庭的安逸生活。

子曰:"士而怀居,不足以为士矣。"

【译文】

孔子说:"士如果留恋安逸的生活,就不足以称为士了。"

《论语·宪问第十四》1～7

子曰

子曰："邦有道，危言危行；邦无道，危行言孙。"

正直。

同"逊"，谦逊。这里有谨慎之意。

【译文】

孔子说："国家政治清明，要说话正直，行为正直；国家政治黑暗，行为仍要正直，但说话要谨慎。"

子曰："有德者必有言，有言者不必有德。仁者必有勇，勇者不必有仁。"

言论。

【译文】

孔子说："有道德的人一定有（好的）言论，有（好的）言论的人不一定有道德。有仁德的人一定勇敢，勇敢的人不一定有仁德。"

子曰

《论语·宪问第十四》1~7

> 南宫适问于孔子曰："羿(yì)善射，奡(ào)荡舟，俱不得其死然。禹、稷(jì)躬稼，而有天下。"夫子不答。
>
> 南宫适出。子曰："君子哉若人！尚德哉若人！"

上古传说中有三个羿，都是善于射箭的英雄：
1. 唐尧时的射箭能手。
2. 帝喾时的射师。
3. 夏时有穷国的君主（即本文中的羿）。

一作"浇"，传说中夏代东夷族首领寒浞的儿子，夏王族复国后被诛灭。

【译文】

南宫适向孔子问道："羿擅长射箭，奡善于水战，结果都不得好死。禹和稷亲自参加农事，却都得到了天下。（该如何评价这些人物呢？）"孔子没有回答。

南宫适出去了。孔子说："这个人真是君子啊！这个人真崇尚道德啊！"

《论语·宪问第十四》1~7

子曰:"君子而不仁者有矣夫,未有小人而仁者也。"

> 语气助词。

【译文】

孔子说:"身为君子却不具备仁德的人是有的呀,(但)没有身为小人却具备仁德的人。"

子曰:"爱之,能勿劳乎?忠焉,能勿诲乎?"

> 勉其勤劳。
>
> 施以教诲。

【译文】

孔子说:"爱他,能不让他勤劳吗?忠于他,能不教诲他吗?"

政绩斐然

……

政绩斐然

政绩斐然

孔子很快就因卓越的政绩被升职为小司空……

之后又升任为大司寇，相当于鲁国的司法部部长。

原宪，你来管理我的封地吧。

弟子遵命。

这九百粟就当作你的俸禄吧。

弟子不敢收！

如果你不要，可以拿这些钱去救济朋友和邻居。

政绩斐然

孔子断案时非常慎重，他更倾向于调解，而不是随便动用刑罚。

我的目标是引导百姓讲仁爱，让天下再也没有诉讼之事。

仁爱

这……我们太惭愧了。

在孔子的管理下，鲁国的治安大大加强，国力也日益增强。

政绩斐然

政绩斐然

本是两国友好会谈,齐君总不会容忍野蛮人用武力破坏吧?这样做,既不祥又失礼。

好吧,表演者离开!

齐国的阴谋宣告破产。会谈结束后——

你们让我得罪了鲁国,又失了面子!

是臣等无能……

三桓

虽然夹谷会盟让孔子的声望大大提高,但三桓也逐渐对孔子警惕起来。

这孔丘不简单,我等不得不防啊!

政绩斐然

孔子断案

世人都知道孔子善于教书育人,却不知他还很有断案的才能。他在鲁国担任大司寇时,几次以巧妙的手段破解了疑案。

大司寇主管一国的司法工作,也可参与朝政。孔子上任之后,立即提出了一些审案的原则。比如每个案子要经过三次审讯才能定案,诉讼必须要有书面诉状,不可口头诉讼。

张大人,司法者不可与官员交谈。

至于量刑[1],孔子提出,协同作案者要从轻发落。若不能最后定罪,便要赦免此人。此外,要赏罚分明。论功行赏要在朝堂之上,以激励其他百姓,而处斩则要在市场上,以警示其他人。为官者不能和司法人员交谈,以免出现徇私舞弊的情况。这几条建议得到了鲁国国君和贵族们的一致同意。

孔子担任大司寇期间,工作态度认真,从不独断专行。每次审理案件,他都会邀请一些民众到场征求意见,询问他们:"你们认为应该怎样定罪?"大家意见一致时,孔子才会根据众人的决议定案。

一次,他遇到了父亲状告儿子的案件,他没有马上判决,只下令将两人关押起来。

三个月过去了,孔子却对他们不闻不问,那位父亲急了,主动要求撤诉。孔子见状,宣布释放父子二人。

孔子告诉那位儿子，他的父亲心疼他，所以主动撤了诉讼。儿子听后泣不成声，向父亲承认自己不孝，并请求他的原谅。父子俩又和好如初。孔子自然又教育了他们一番，告诫他们要和睦相处，方能家和人兴。

在场看到这一幕的百姓们都对孔子独到的断案方式赞不绝口。季桓子却说自己被孔子欺骗[2]了。因为孔子以往总说必须以孝为先，如今出现了不孝之子，原本应当处斩，孔子却赦免了他的罪过。

孔子后来听说了季桓子的评价，感叹说："杀害普通百姓是不符合天理的，不如用孝道来引导百姓。上位者对百姓没有进行教化，法治松弛，那么即便刑法再严苛，百姓也可能违犯。"

[1] 参见《孔子家语·刑政》。孔子曰:"……大司寇正刑明辟以察狱,狱必三讯焉。有指无简,则不听也。附从轻,赦从重。疑狱则泛与众共之,疑则赦之。皆以小大之比成之。是故爵人必于朝,与众共之也;刑人必于市,与众弃之也。古者公家不畜刑人,大夫弗养。其士遇之涂,弗与之言。屏诸四方,唯其所之,弗及与政,弗欲生之也。"

[2] 参见《孔子家语·始诛》。季孙闻之不悦,曰:"司寇欺余。曩告余曰:'国家必先以孝。'余今戮一不孝以教民孝,不亦可乎?而又赦,何哉?"冉有以告孔子。

《论语·宪问第十四》8～26

指外交辞令。

他与以下提到的这几个人都是郑国的大夫。

审议

主管外交的官员。

郑国邑名,在今河南郑州市,郑国大夫子产(公孙侨)所居。

> 子曰:"为命,裨(pí)谌(chén)草创之,世叔讨论之,行人子羽修饰之,东里子产润色之。"

【译文】

孔子说:"(郑国)拟定外交辞令,由裨谌打草稿,由世叔组织审议,由外交官员子羽加以修饰,再由东里的子产加以润色。"

楚国的令尹公子申。一说指郑国的公孙夏,子产的同宗兄弟。

齐国大夫。

指老死,终身。

> 或问子产。子曰:"惠人也。"
> 问子西。曰:"彼哉!彼哉!"
> 问管仲。曰:"人也。夺伯氏骈邑三百,饭疏食,没(mò)齿无怨言。"

【译文】

有人问子产(是个怎样的人)。孔子说:"是个宽厚慈惠的人。"

问到子西(是个怎样的人)。(孔子)说:"他呀!他呀!"

问到管仲(是个怎样的人)。(孔子)说:"是个人才。他曾剥夺伯氏骈邑三百户的采地,(伯氏)只能吃粗饭,(却)直到老死都没有怨言。"

子曰:"贫而无怨难,富而无骄易。"

骄傲。

【译文】
孔子说:"贫穷却不怨恨,很难做到;富有却不骄傲,容易做到。"

子曰:"孟公绰为赵、魏老则优,不可以为滕、薛大夫。"

当时尊称大夫的家臣为"老"。

西周初分封的诸侯国,分别在今山东省滕州市西南和东南。

【译文】
孔子说:"孟公绰如果做晋国诸卿赵氏、魏氏的家臣,那么能力是绰绰有余的;但是他不能胜任滕、薛之类小国大夫的职责。"

《论语·宪问第十四》8~26

鲁国大夫臧孙纥（hé）。

鲁国的卞邑大夫。

长久处于穷困的境况。"要"通"约"，贫困。

子路问成人。子曰："若臧武仲之知，公绰之不欲，卞庄子之勇，冉求之艺，文之以礼乐，亦可以为成人矣。"曰："今之成人者何必然？见利思义，见危授命，久要（yāo）不忘平生之言，亦可以为成人矣。"

【译文】

子路问怎样才算是完人。孔子说："像臧武仲那样有智慧，像孟公绰那样不贪心，像卞庄子那样勇敢，像冉求那样多才多艺，再用礼乐加以修饰，也可以称作完人了。"又说："如今的完人何必这样？见到财利时能够想一想是否合乎道义，遇到（国家）危难时愿意献出性命，长时间处于困顿之境而不忘平日的诺言，也可以称作完人了。"

地名，在今山东省费县东北，当时是臧孙纥的封地。

为臧氏立后代（让他们的子嗣袭受封地，为卿大夫）。

胁迫，要挟。

子曰："臧武仲以防求为后于鲁，虽曰不要（yāo）君，吾不信也。"

【译文】

孔子说："臧武仲凭借他的采邑防城，请求鲁君立其子嗣为卿大夫，纵然有人说这不是要挟君主，我也是不相信的。"

《论语·宪问第十四》8~26

子问公叔文子于公明贾曰:"信乎?夫子不言、不笑、不取乎?"

公明贾对曰:"以告者过也。夫子时然后言,人不厌其言;乐然后笑,人不厌其笑;义然后取,人不厌其取。"

子曰:"其然,岂其然乎?"

名拔(一作发),卫献公的孙子。

【译文】

孔子向公明贾询问公叔文子,说:"当真吗?这位老先生不讲话、不笑、不取财吗?"

公明贾说:"这是传话人的错。这位老先生到该讲话的时候才讲话,因此别人不讨厌他讲话;高兴了才会笑,因此别人不讨厌他笑;合乎道义才去取财,因此别人不讨厌他取财。"

孔子说:"原来是这样,难道真是这样吗?"

子曰:"晋文公谲(jué)而不正,齐桓公正而不谲。"

晋国国君,姓姬,名重耳,中原霸主。

欺诈,玩弄权术。

齐国国君,姓姜,名小白,春秋时期第一位霸主。

【译文】

孔子说:"晋文公欺诈而不正派,齐桓公正派而不欺诈。"

《论语·宪问第十四》8～26

小白(即齐桓公)的哥哥,齐襄公的弟弟。襄公无道,二人逃往他国。齐襄公被杀后齐国无君。两人同时想要回国即位,小白用计抢先回到齐国,登上君位。继而逼迫鲁国杀死了公子纠。

召忽与管仲都是公子纠的家臣、师傅。公子纠被杀后,召忽自杀殉节。管仲却归服齐桓公,并由鲍叔牙推荐当了宰相。

子路曰:"桓公杀公子纠,召忽死之,管仲不死。"曰:"未仁乎?"子曰:"桓公九合诸侯,不以兵车,管仲之力也。如其仁!如其仁!"

【译文】

子路说:"齐桓公杀了公子纠,召忽为他殉节而死,管仲却没有自杀。"(接着又)说:"(管仲)不能算是有仁德吧?"孔子说:"齐桓公多次会盟诸侯,不动用兵车武力,都是管仲的功劳。这就是他的仁德!这就是他的仁德!"

季康子。

为何,为什么。

子言卫灵公之无道也,康子曰:"夫如是,奚而不丧?"孔子曰:"仲叔圉(yǔ)治宾客,祝鮀(tuó)治宗庙,王孙贾治军旅。夫如是,奚其丧?"

【译文】

孔子讲到卫灵公的昏庸无道,季康子说:"既然如此,为什么能不败亡?"孔子说:"他有仲叔圉主管外交,祝鮀主管祭祀,王孙贾主管军队,像这样(用人得当),怎么会败亡呢?"

《论语·宪问第十四》8～26

子贡曰:"管仲非仁者与?桓公杀公子纠,不能死,又相之。"子曰:"管仲相桓公,霸诸侯,一匡天下,民到于今受其赐。微管仲,吾其被发左衽矣!岂若匹夫匹妇之为谅也,自经于沟渎而莫之知也。"

正。

没有。

被,同"披";衽,指衣襟。当时少数民族和中原民族相反,披发、衣襟左开。喻指像未开化的少数民族一样。

自缢,上吊自杀。

【译文】

子贡说:"管仲不是有仁德的人吧?齐桓公杀了公子纠,(管仲)不能为主子殉节,反而又辅佐齐桓公。"孔子说:"管仲辅佐齐桓公,(使齐国)称霸于诸侯,使天下得到匡正,人们直到今天还享受着他的恩赐。如果没有管仲,我们大概要像披散着头发、衣襟向左开的未开化民族一样了。难道要(让管仲)像普通男女那样,为了守小节,在小山沟里上吊自杀,而没有人晓得他吗?"

子曰:"其言之不怍(zuò),则为之也难!"

惭愧。这里"言之不怍"形容好说大话,虚夸,而不知惭愧的人。

【译文】

孔子说:"一个人说话时大言不惭,实践起来一定很困难。"

《论语·宪问第十四》8~26

公室，朝廷。

被称为"文"，指谥号为"文"。

公叔文子之臣大夫僎（xún）与文子同升诸公。子闻之曰："可以为文矣。"

【译文】

公叔文子的家臣大夫僎，（由于文子的推荐，）与公叔文子一起做了卫国公室的大夫。孔子听到这件事后，说："（公叔文子死后）可以用'文'作谥号了。"

触犯，冒犯，犯颜直谏。

子路问事君。子曰："勿欺也，而犯之。"

【译文】

子路问怎样侍奉君主。孔子说："不要欺骗，而应该说实话，直言规劝他，即使这样可能会冒犯君主。"

《论语·宪问第十四》8~26

陈成子弑简公。孔子沐浴而朝,告于哀公曰:"陈恒弑其君,请讨之。"公曰:"告夫三子!"

孔子曰:"以吾从大夫之后,不敢不告也。君曰'告夫三子'者。"

之三子告,不可。孔子曰:"以吾从大夫之后,不敢不告也。"

齐国大夫陈恒,又称田成子。

上朝前沐浴,表示尊敬与庄重。

指当时执掌大权的季孙氏、叔孙氏、孟孙氏。

【译文】

陈成子杀了齐简公。孔子(得知后马上)沐浴上朝,报告鲁哀公说:"陈恒杀了他的君主,请出兵讨伐他。"鲁哀公说:"报告三位大夫(孟孙氏、叔孙氏、季孙氏)吧!"

孔子退下后说:"因为我在大夫的行列之后随行(意为曾经当过大夫),不敢不报告(这样重大的事啊)。君主却说出'报告三位大夫(孟孙氏、叔孙氏、季孙氏)'的话!"

(孔子)到孟孙氏、叔孙氏、季孙氏三人那里报告,(他们)不同意(出兵)。孔子说:"因为我在大夫的行列之后随行,不敢不报告(这样重大的事啊)。"

《论语·宪问第十四》8~26

通达。

子曰:"君子上达,小人下达。"

【译文】
　　孔子说:"君子通晓高深的道理(一说通达仁义),小人通晓低级的道理(一说通达财利)。"

是为了提升自己。

是为了给别人看。

子曰:"古之学者为己,今之学者为人。"

【译文】
　　孔子说:"古代学者学习的目的是修养和充实自身,当今学者学习的目的是(装饰门面做样子)给别人看。"

《论语·宪问第十四》8~26

蘧伯玉使人于孔子。孔子与之坐而问焉,曰:"夫子何为?"对曰:"夫子欲寡其过而未能也。"

使者出,子曰:"使乎!使乎!"

卫国大夫,孔子在流亡卫国时曾住过他家。

【译文】

蘧伯玉派使者拜访孔子。孔子让他坐下,问道:"你们先生在做什么?"使者回答说:"我们先生想尽量减少自己的过错,却还没能做到。"

使者出去以后,孔子说:"好使者啊!好使者啊!"

子曰:"不在其位,不谋其政。"
曾子曰:"君子思不出其位。"

《论语·泰伯第八》中也有这句哦。

【译文】

孔子说:"不居于那个职位,就不要过问那方面的政务。"

曾子说:"君子考虑事情,不超出自己的职权范围。"

为人师表之典范：
卜商

...

为人师表之典范：卜商

孔子晚年收了不少颇具才华的学生，子夏就是其中之一。

卜商（字子夏）

和孔子一起讨论《诗经》时，子夏很快就能举一反三。

夫子，"巧笑倩兮，美目盼兮，素以为绚兮"是什么用意？

绘画在着色渲染之前，要先有素白的底色。

夫子，那么礼乐的产生是否在"仁"之后呢？

卜商果然能够启发我，现在我们可以一起讨论《诗经》了！

为人师表之典范：卜商

子夏出身于贫苦家庭，常常衣衫褴褛。

他这破衣烂衫好似挂着鹌鹑的尾巴一样。

有一次孔子准备外出时遇到了大雨。

夫子，子夏有伞，我们可以向他借伞吧？

恐怕不妥。

他家境贫寒，即使有雨具也肯定不愿意外借，咱们还是不要为难他了。

为人师表之典范：卜商

为人师表之典范：卜商

子夏在与人交往时，只愿意结交比自己更强的朋友。

那是因为从强者的身上我可以学到更多东西啊！

也因此，孔子生前就预言子夏在自己去世之后会有更大的进步。

这些名人都是我的弟子哦！

果然，孔子去世后，子夏在魏国教书育人，创立了西河学派。

为人师表之典范：卜商

相比孔子追求的"克己复礼"，子夏更关注当世之政。

他提出了一套延展儒家正统政治观点的政治及历史理论。

并将《春秋》传授给公羊学派。

子夏还对《六经》进行整理，通过分章断句和必要的解释，使艰涩的古籍便于理解、传授。他因此被称为"传经之鼻祖"。

为人师表之典范：卜商

桃李遍天下

孔子认为教育不分高低贵贱,在他众多的弟子中有人传承了他的"仁",有人传承了他的"礼",而最能够传承孔子"有教无类"教育精神的,当属卜商(子夏)。

孔子去世之后,子夏到魏国西河一带传授知识。他在传承孔子思想的基础上,融入了许多新的元素,从而能够与时俱进,得到更多人,尤其是贵族阶层的支持。由于他教授得法,前来听课的学生越来越多,竟然达到了三百人,形成了西河学派[1]。就连魏国国君魏文侯也尊子夏为师,向他讨教治国之道。

子夏培养出了李悝、吴起、田子方、段干木等一批后来在历史上赫赫有名的杰出人才,被尊称为"卜夫子"。在诸多能者的辅助下,魏国治理有序,无论在经济、法律、军事还是政治方面,都有了巨大的飞跃,成了连秦、齐等大国也不敢小觑的强国。

孔子在世时，子夏便以熟悉典籍著称，是孔子修《春秋》的第一助手。现存三种解释《春秋》的传本中，《公羊传》的作者公羊高和《穀梁传》的作者穀梁赤都是子夏的弟子，而最有名的《左传》(又称《左氏春秋》《春秋左氏传》)中保留了诸多的三晋史料，且大量引用孔子对历史事件和人物的评语，有大量关于孔子及其弟子的记述，是鲁国史官无法做到的。其作者左丘明[2]的很多信息同子夏相近，如都是晚年

失明。因此许多学者怀疑,《左传》的作者左丘明就是子夏。

子夏对《春秋》的讲授极为细致。《后汉书》[3]·徐防传》中说:"诗书礼乐,定自孔子;发明章句,始于子夏。"是说子夏创造了章句教学的方法,也就是在文章中加入标点符号,这样就能够将文章分成段落或句子,方便随时随地讲解。

孔子晚年确定的儒家"乐教"教材《大司乐》也由子夏带到了魏国。魏文侯这位儒家弟子推行儒学,他的乐工窦公保存了《大司乐》,后来窦公的后人将它献给了汉文帝,《大司乐》因此得以传续。后世多认为,儒家的经典大部分都是由子夏这一脉传承下来的,由是称之为"传经之鼻祖"。

正是由于子夏及其弟子们的努力,儒家思想才能深入人心,即使改朝换代,无数典籍被毁,也能够迅速复兴。

子夏的功绩不仅在于传播经典,更在于他培养了大批优秀的儒家学者。在孔子生活的时代,儒家思想并未被任何一位国君接受并实践。但他的弟子子夏却将魏国国君魏文侯收为门徒,使其成为第一位能够实践并推广儒家思想的诸侯,且获得

了成功,从而为儒学的传播树立了正面的典范。子夏对于儒学传播的贡献,是孔子的其他弟子所不能及的。

注释

[1] 西河学派:西河学派是在孔子去世后,其弟子子夏来到魏国西河讲学,传播儒家经典、文化和学术思想而形成的著名儒家学派之一。西河学派中有不少人成了魏国的治世良臣,该学派为弘扬和发展儒家思想,以及对前期法家思想的成长起了很大作用。

[2] 左丘明:春秋时期史学家,与孔子同时。鲁国人。一说复姓左丘,名明;一说单姓左,名丘明。双目失明,曾任鲁太史,或为讲通历史及传说的史官。

[3]《后汉书》:南朝宋范晔撰,今本一百二十卷,分一百三十篇。纪传体东汉史。原书仅有纪传,北宋时将晋司马彪《续汉书》八志与之相配,成为今本。

《论语·宪问第十四》27～44

以……为耻。

子曰:"君子耻其言而过其行。"

【译文】

孔子说:"君子以说得多、做得少为耻。"

同"智",有智慧的意思。

子曰:"君子道者三,我无能焉:仁者不忧,知者不惑,勇者不惧。"子贡曰:"夫子自道也。"

【译文】

孔子说:"君子所行之道有三条,我没能做到:有仁德的人不忧愁,有智慧的人不迷惑,勇敢的人不畏惧。"子贡说:"这是先生在说自己呢。"

担心,忧虑。

子曰:"不患人之不己知,患其不能也。"

【译文】

孔子说:"不担心别人不了解自己,只担心自己没有能力。"

子贡方人。子曰:"赐也贤乎哉!夫我则不暇。"

讥评别人。一说与别人比而较其短长。

没有这闲工夫。

【译文】
子贡讥评别人。孔子说:"赐啊,你就那么贤良吗?我就没有这样的闲工夫(去讥评别人)。"

子曰:"不逆诈,不亿不信,抑亦先觉者,是贤乎!"

预先,预测。

同"臆"。主观推测,猜测。

事先发觉。

【译文】
孔子说:"事前不预先怀疑别人欺诈,不凭空猜测别人不诚实,却又能及早发觉欺诈与不诚实,这样的人该是贤人吧!"

子曰:"骥不称其力,称其德也。"

千里马。

这里指千里马吃苦耐劳的品质。

【译文】
孔子说:"千里马值得称赞的不是它的气力,值得称赞的是它的品质。"

忙忙碌碌，到处奔波的样子。

花言巧语，卖弄口才。

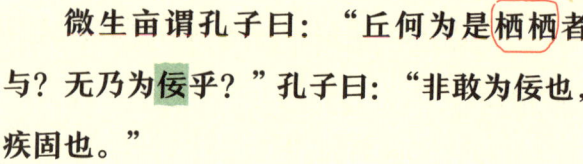

微生亩谓孔子曰："丘何为是栖栖者与？无乃为佞乎？"孔子曰："非敢为佞也，疾固也。"

【译文】

微生亩对孔子说："你为什么要这样忙忙碌碌，到处奔波呢？不是要卖弄口才吧？"孔子说："不敢卖弄口才，（而是）厌恨那些顽固不化的人。"

公平正直。

或曰："以德报怨，何如？"子曰："何以报德？以直报怨，以德报德。"

【译文】

有人说："用恩德来回报仇怨，怎么样？"孔子说："（那么）用什么来回报恩德呢？（应该）用公平正直来回报仇怨，用恩德来回报恩德。"

《论语·宪问第十四》27~44

子曰:"莫我知也夫!"子贡曰:"何为其莫知子也?"子曰:"不怨天,不尤人;下学而上达。知我者其天乎!"

责怪,归咎。

【译文】

孔子感叹道:"没有人了解我啊!"子贡说:"为什么没有人了解您呢?"孔子说:"(我)不怨恨上天,不责怪别人,下学人事,上达天命。了解我的大概只有天吧!"

公伯寮愬子路于季孙。子服景伯以告,曰:"夫子固有惑志于公伯寮,吾力犹能肆诸市朝。"

子曰:"道之将行也与,命也;道之将废也与,命也。公伯寮其如命何?"

鲁国人,名寮,字子周。孔子的弟子。

同"诉"。诬谤,诽谤。

鲁国大夫,姓子服,名何,"景"是其谥号,"伯"是爵位。

当众处死。

【译文】

公伯寮向季孙诽谤子路,子服景伯把这件事告诉孔子,并且说:"季孙已经被公伯寮迷惑住了,我的力量还能够把公伯寮(杀了)陈尸市集。"

孔子说:"道能得到推行,这是天命;道被废止,也是天命。公伯寮能把天命怎么样呢?"

《论语·宪问第十四》27～44

子曰:"贤者辟世,其次辟地,其次辟色,其次辟言。"子曰:"作者七人矣。"

同"避"。避开。

脸色,神情。"辟色"指当看到君主或他人对自己态度冷淡或礼仪衰减时,及时察觉并主动离开。

传说中的七位贤人隐士。一说是伯夷、叔齐、虞仲、夷逸、朱张、柳下惠、少连。

【译文】
孔子说:"贤者以避开乱世为上,其次是避开乱地,再其次是避开别人难看的脸色,再其次是避开难听的恶言。"孔子(又)说:"这样做的已经有七个人了。"

子击磬(qìng)于卫。有荷蒉(kuì)而过孔氏之门者,曰:"有心哉!击磬乎!"既而曰:"鄙哉!硁(kēng)硁乎!莫己知也,斯己而已矣。深则厉,浅则揭。"
子曰:"果哉!末之难矣。"

一种用玉或石制的乐器。

草筐。

【译文】
孔子在卫国击磬。有个挑着草筐路过孔子门前的人,说:"有心思啊,在击磬!"过了一会儿又说:"偏狭啊,那硁硁的磬声!没有人了解自己,那么自己就(停止)算了。(《诗经》说:)水深索性就穿着衣裳涉过,水浅不妨就撩起衣裳涉过。"
孔子说:"(说得)好坚决啊,(如果真像涉水那样)就没有什么难的了。"

《论语·宪问第十四》27～44

子路宿于石门。晨门曰:"奚自?"子路曰:"自孔氏。"曰:"是知其不可而为之者与?"

鲁国都城南侧的外城门。

指守门者。

【译文】

子路在石门过夜。早晨值班看守城门的人说:"从哪里来?"子路说:"从孔氏那里来。"(守门人)说:"就是那个明知行不通却还要去做的人吗?"

子张曰:"《书》云:'高宗谅阴,三年不言。'何谓也?"子曰:"何必高宗?古之人皆然。君薨(hōng),百官总己以听于冢宰三年。"

居丧时所住的房子,没有门窗,光线很暗。

古人对君主去世的叫法。

相当于后世的宰相。

【译文】

子张说:"《尚书》说:'殷高宗住在凶庐里居丧守孝,三年不问政事。'这是什么意思?"孔子说:"哪里只是殷高宗居丧不问政事?古时的人都是如此。国君死了,(继承的君主三年不问政事,)文武百官管理各自的事务并听命于冢宰,满三年为止。"

《论语·宪问第十四》27~44

在上位的人。

子曰:"上好礼,则民易使也。"

【译文】

孔子说:"居上位的人好礼仪,那么老百姓就容易役使。"

修养自身的德行。

指士大夫以上阶层,不包括百姓。

担心,忧虑。

子路问君子。子曰:"修己以敬。"
曰:"如斯而已乎?"曰:"修己以安人。"
曰:"如斯而已乎?"曰:"修己以安百姓。修己以安百姓,尧、舜其犹病诸!"

【译文】

子路问怎样算是君子。孔子说:"修养自己(的德行)而且敬慎从事。"

(子路)问:"这样就够了吗?"孔子说:"修养自己(的德行)而且使周围的人安乐。"

(子路)问:"这样就够了吗?"孔子说:"修养自己(的德行)而且使所有的百姓都安乐。做到修养自己(的德行)而且使所有的百姓都安乐,就连尧、舜尚且担心做不到呢!"

原壤夷俟（sì）。子曰："幼而不孙弟，长而无述焉，老而不死，是为贼！"以杖叩其胫。

> 孔子多年的老朋友。
>
> 指"箕踞"，屁股着地、伸开两腿坐着。古人认为这种坐姿轻慢无礼。
>
> 同"逊"。
>
> 同"悌"。

【译文】

原壤左右伸腿，叉开两只脚坐在地上等待（孔子）。孔子说："幼时不谦逊敬长，长大了没有作为，老了还不快死，这真是个祸害！"（说完，）用手杖敲了敲他的小腿（让他把腿收回去）。

阙党童子将命。或问之曰："益者与？"子曰："吾见其居于位也，见其与先生并行也。非求益者也，欲速成者也。"

> 孔子故里阙里。
>
> 传达信息，传话。
>
> 席位。按古代礼节，大人有正式的席位就坐，儿童没有席位。
>
> "先生"指比童子年长的人。当时只要年龄相差五岁，就应该稍后随行，而不是并行。

【译文】

阙党的一个儿童来向孔子传信。有人问孔子："（这儿童）是个肯上进的人吗？"孔子说："我见他坐在成年人的位子上，又见他与年长者并肩而行。（可知他）不是一个追求进步的人，而是一个贪图速成的人。"

唯一的南方弟子:
言偃

......

唯一的南方弟子：言偃

孔门弟子大多出自北方，比如来自山东的颜回、子路、冉耕。当中唯一一位来自南方的弟子就是言偃了。

言偃，字子游，来自吴国琴川（今江苏常熟）。

他也是孔子诸弟子中拜师相对较晚的。

入学时间表
早 → 晚
颜回
子路
冉耕
言偃

唯一的南方弟子：言偃

子游从小就喜欢读书写字，22岁拜入孔子门下后，他更是勤奋学习，虚心求教。

> 言兄对文学理解颇深啊！佩服佩服！

子游是"文学"方面的代表弟子。

> 这家伙太较真了……

子夏

> 子夏，只教弟子那些洒扫、应对、进退之类的细枝末节，怎么算是真正建立学问呢？

唯一的南方弟子：言偃

但子游并不是一个藐视细节的人。任职武城宰时，他只有26岁。

礼乐之治

他将自己的理想与政治相结合，推行"礼乐之治"。

孔子来考察子游工作时，还没进城就已经听到了弦歌之声。

怎么会有弦歌之音？

唯一的南方弟子：言偃

唯一的南方弟子：言偃

他说得对，我刚才只是和他开个玩笑罢了。

事实上，孔子对自己的这个小弟子相当满意。

在先古圣贤所在的时代，盗窃和害人的事情根本就不会发生，所以人人都开着门窗，过着安然自在的生活。

这就是夫子的理想吧？

唯一的南方弟子：言偃

而子游也没有辜负老师的希望。

夫子，弟子定会继承您的思想。

在孔子辞世以后，子游到海盐古县的青溪（今上海奉贤）讲学传道。

子游将儒家思想带到了江南，被亲切地尊称为"南方夫子"。

不愧是"南方夫子"啊！

孔门的"纷争"

在人们的印象中,代表儒家典范的孔门永远是一片和乐的,但其实,孔子和弟子们也会因为想法不同而产生争执。

漫画故事中说到的子游在看到子夏的弟子们只学习了一些"洒扫进退"[1]的知识时,立刻不满起来。他说,这些知识教给小孩子还可以,大人也只学习这些小事就不合适了。

子夏听后反驳道:"子游,你这话就错了。君子之道我是都想传

授给弟子们的,但是学习就像培养花草一样,也要循序渐进。"

从某种角度来看,两个人都没有错。子游希望子夏的弟子能够成才,所以认为应当教授他们一些深刻的道理。而子夏考虑到了实际情况——能够一入门就领悟到"大道"的人少之又少,对于普通人来说,学习应当由浅入深,积累了足够的基础知识之后才能够进一步学习更艰深的内容。

这样的争辩自然算不得什么矛盾,某些弟子的行为才是真正有违道义。

公伯寮[2]曾经位列孔门弟子第二十四位,自然也是有所建树的。他曾和子路一同在季孙氏手下办事,却在季孙氏面前诋毁子路。这种陷害同门的行为就连鲁国的大夫子服景伯都看不下去了,他将实情告诉了孔子,说自己能把公伯寮杀了陈尸市集。孔子却拒绝了他的提议,只说一切都是天命,谁也奈何不了。

孔子和他的弟子们：④师业传承

孔子在世的时候，极力教育弟子们不要争执。他曾说"君子矜而不争[3]，群而不党"，意思是，有道德的人不会随便和他人争执，会合群，却不会搞小团体。

遗憾的是，在孔子去世之后，孔门弟子逐步分化，儒家内部分裂成为八个学派，每个学派都认为自己才是儒学的正统，争论不休。

[1] 洒扫进退：原文是"洒扫、应对、进退"，其中，"洒扫"指洒水扫地。"应"为答应，"对"为回答。这些内容都是待客之礼。

[2] 公伯寮：字子周，春秋末年鲁国人，与子路同为季氏的家臣。他的事迹参见《论语·宪问第十四》。

[3] 矜而不争：后来成为一个成语，意思是君子善于忍耐而不与人争斗。

《论语·卫灵公第十五》1~20

同"阵",军阵,指有关打仗的事情。

盛肉的礼器,指礼仪方面的事情。

> 卫灵公问陈于孔子。孔子对曰:"俎(zǔ)豆之事,则尝闻之矣;军旅之事,未之学也。"明日遂行。

【译文】

卫灵公向孔子询问作战的阵法。孔子回答说:"礼仪方面的事情,我曾经听到过;军队(作战方面)的事情,未曾学习过。"第二天,(孔子)便离开了卫国。

苦,困。这里指饿坏了,饿扁了。

起来,起身。

> 在陈绝粮,从者病,莫能兴。子路愠见曰:"君子亦有穷乎?"子曰:"君子固穷,小人穷斯滥矣。"

一说同"现",露出。

安守。

【译文】

孔子在陈国断绝了粮食,跟随的人都饿坏了,没有人能爬得起来。子路非常怨愤,来见孔子说:"君子也有穷得没办法的时候吗?"孔子说:"君子能安守穷困,小人如果穷困,就会胡作非为了。"

《论语·卫灵公第十五》1~20

子曰:"赐也,女以予为多学而识之者与?"对曰:"然。非与?"曰:"非也。予一以贯之。"

端木赐,字子贡。

这里是指以"仁"或"忠恕之道"贯穿、统摄和指导所有的行为和知识。

【译文】

孔子说:"赐呀,你以为我是学习了很多并且把内容都记下来的人吗?"(端木赐)回答说:"是的。难道不是吗?"(孔子)说:"不是的。我是用一个基本思想把它们贯穿起来的。"

子曰:"由!知德者鲜(xiǎn)矣。"

指子路。

少。

【译文】

孔子说:"仲由!知晓道德的人太少了啊!"

子曰

《论语·卫灵公第十五》1~20

古代礼法，王位是坐北朝南的。指帝王临朝。

子曰："无为而治者，其舜也与！夫何为哉？恭己正南面而已矣。"

【译文】

孔子说："能够无所作为就实现天下大治的人，大概就是舜吧！他做了什么呢？他只是恭敬郑重地脸朝南面（端正地居位听政）罢了。"

边远的少数民族。

古代二千五百家为州。五家为邻，五邻为里。这里指本乡本土。

马车。此处用作动词，坐马车。

"绅"，系在腰间下垂的宽大衣带。当时人常将警句、格言写在腰带垂下的部分，一低头就能看到，从而时时提醒自己，指导自己的言行。

子张问行。子曰："言忠信，行笃敬，虽蛮貊之邦，行矣；言不忠信，行不笃敬，虽州里，行乎哉？立，则见其参于前也；在舆，则见其倚于衡也。夫然后行！"子张书诸绅。

【译文】

子张问（自己的主张）怎样才能行得通。孔子说："说话忠诚信实，行为笃实敬慎，即使在落后部族的国家，也能行得通；说话不忠诚信实，行为不笃实敬慎，即使在本乡本土，能行得通吗？站立时，仿佛看见'忠信笃敬'这四个字就树立在前面；坐在车中，仿佛看见这四个字就倚靠在车辕的横木上。这样做了以后就能行得通。"子张（把孔子的话）写在自己的衣带上。

《论语·卫灵公第十五》1~20

子曰:"直哉史鱼!邦有道,如矢;邦无道,如矢。君子哉蘧伯玉!邦有道,则仕;邦无道,则可卷而怀之。"

> 卫国大夫,嘱咐儿子以不给他办丧事的方式再次向国君进言劝谏,终于达到了目的。

> 比喻隐退。

【译文】

孔子说:"史鱼真正直啊!国家政治清明,(他的言行)像箭一样刚直;国家政治昏乱,(他的言行)也像箭一样刚直。蘧伯玉真是君子啊!国家政治清明,就出来做官;国家政治昏乱,就可以(把自己的主张)收起来(辞官隐居)。"

子曰:"可与言而不与之言,失人;不可与言而与之言,失言。知者不失人,亦不失言。"

> 同"智"。智者,聪明人。

【译文】

孔子说:"可以跟他说,却不跟他说,就会失去朋友;不可跟他说却跟他说了,就是说错了话。聪明人既不会失去朋友,也不会说错话。"

《论语·卫灵公第十五》1~20

子曰:"志士仁人,无求生以害仁,有杀身以成仁。"

有高尚志向、有仁德的人。

牺牲自己。

【译文】
孔子曰:"有志之士,仁义之人,不会因为求生而损害仁道,只会牺牲自己来成全仁道。"

子贡问为仁。子曰:"工欲善其事,必先利其器。居是邦也,事其大夫之贤者,友其士之仁者。"

做好。

工作。

【译文】
子贡问如何修养仁德。孔子说:"工匠想要把他的活干好,一定要先磨快他的工具。住在这个国家,要侍奉大夫中有贤德的人,交往士人中有仁德的人。"

《论语·卫灵公第十五》1～20

颜渊问为邦。子曰:"行夏之时,乘殷之辂(lù),服周之冕,乐则韶舞。放郑声,远佞人。郑声淫,佞人殆。"

时令,时节。此处指历法。

君王乘坐的大车。

驱逐,禁止,排斥。

【译文】

颜渊问怎样治理国家。孔子说:"遵行夏代的历法,驾乘殷代的车子,戴周代的礼帽,(教化民众的礼乐)当用《韶》乐及舞蹈。排斥郑国的乐曲,远离花言巧语的人。郑国的乐曲不正派,花言巧语的人危险。"

子曰:"人无远虑,必有近忧。"

考虑。

忧愁。

【译文】

孔子说:"人如果没有(对将来的)长远考虑,一定会有近在眼前的忧患。"

103

仁德，德行。

> 子曰："已矣乎！吾未见好德如好色者也。"

【译文】
　　孔子说："罢了啊！我没有见过爱慕德行像爱慕美色的人。"

窃据高位，占有官位而不称职，不尽责。

鲁国大夫，被儒家评为有德行的人。

> 子曰："臧文仲其窃位者与？知柳下惠之贤而不与立也。"

【译文】
　　孔子说："臧文仲大概是个窃据官位的人吧？明知柳下惠有贤德却不推举他跟自己一起做官。"

即"与之并立于朝"。

子曰:"躬自厚而薄责于人,则远怨矣!"

> 意为责己要重。躬,自身。厚,厚责,重责。
>
> 意为责人要宽,少责备别人。

【译文】

孔子说:"多责备自己而少责备别人(对自己要求严格而宽松地要求别人),就会远离怨恨。"

子曰:"不曰'如之何,如之何'者,吾末如之何也已矣。"

> 怎么办。

【译文】

孔子说:"不念叨'怎么办,怎么办'的人,我(对这种人)也没办法啊!"

《论语·卫灵公第十五》1~20

正经的道理。

小聪明。

子曰："群居终日，言不及义，好行小慧，难矣哉！"

【译文】
　　孔子说："众人整日聚在一起，谈话丝毫不涉及正经道理，却喜欢卖弄小聪明，（这种人真是）难办啊！"

实质，根本。

同"逊"。

子曰："君子义以为质，礼以行之，孙以出之，信以成之。君子哉！"

【译文】
　　孔子说："君子以义为根本，按照礼法来实行（义），用谦逊的语言来表达（义），靠信来完成（义）。这才是君子啊！"

子曰:"君子病无能焉,不病人之不己知也。"

担忧。

【译文】

孔子说:"君子担心(自己)没有能力,不担心别人不了解自己。"

子曰:"君子疾没世而名不称焉。"

怕,恨。

死亡。

称颂,称道。

【译文】

孔子说:"君子就怕死后名声不能被人称颂。"

最低调的弟子：
澹台灭明

……

最低调的弟子：澹台灭明

孔门七十二贤当中，大多数弟子都是早期便拜入孔子门下，但澹台灭明拜师较晚。

孔子周游列国回到鲁国后，曾去武城亲自视察。

最低调的弟子：澹台灭明

最低调的弟子：澹台灭明

尽管澹台灭明并未得到孔子的青睐，但他依然刻苦学习。

夫子态度如何并不重要，重要的是我自身的修行。

弟子们须谨记，我们儒家重的是礼和义。

澹台灭明最终学有所成。他游学到吴地时，跟从他的弟子已经有三百多人。

他的弟子传承了儒家思想，并将其在吴、楚等地传播开来。

很快，他和弟子们在南方形成了一个颇有影响的学派。

最低调的弟子：澹台灭明

最低调的弟子：澹台灭明

最低调的弟子：澹台灭明

看我与你们拼了！

这宝物小神不敢收。

于是他挥剑将蛟龙斩杀。

然后将宝玉扔进河中。

没想到他连续扔了三次，河伯都跃出水面将宝玉当面奉还。

最后，澹台灭明干脆将宝玉毁掉后离去。虽然这只是传说，却体现了澹台灭明刚直不阿的形象。

圣人的误判

人非圣贤，孰能无过，即使是目光如炬，阅历甚广的孔圣人也有过看错人的时候。漫画中说到的澹台灭明，起初因为颜值较低而被孔子忽视，后来他学有所成，从学弟子三百多人，形成了当时儒家在南方十分有影响力的一个学派。

孔子知道后，后悔地说："吾以言取人，失之宰予；以貌取人，失之子羽。"孔子所说的子羽就是澹台灭明。那宰予又是怎么回事呢？

宰予样貌不错，又能言善辩，思维活跃。他最初跟随孔子学习时，孔子很是喜爱这个聪明的学生，以为宰予定是个可造之才。没想到时间一长，他渐渐发现宰予懒惰又叛逆。他不仅常常对孔子的话提出疑问，还有个爱睡懒觉的毛病。

孔子曾经当面斥责宰予是"朽木不可雕"[1]，失望之下，得出了不能只凭言辞和文采去判断一个人品性的结论。

不过,宰予并非像孔子所说的那样不堪。他很有外交才能,后来还做了临淄大夫,成就远在孔子的普通弟子之上,被列入"孔门十哲"。

除了对弟子们的评判偶尔会产生一些偏差,孔子也曾在对于国君的认识上犯过错误。

有位大夫陈司败问孔子:"鲁昭公懂得礼吗?"孔子说:"懂得礼。"等到孔子走了之后,陈司败就向孔子的弟子巫马期行礼,请他靠近自己。他说:"我听说君子没有偏私,难道君子也偏私吗?鲁君从吴国娶了夫人,因为是自己的同姓,因此讳称夫人为吴孟子。鲁君如果算是懂得礼,还有谁不懂得礼呢?"

要知道,在当时,同姓是不能通婚的。鲁国是周公旦的封国,所以鲁昭公姓姬,而吴国的远祖是周太王古公亶父的长子太伯建立的,吴国夫人自然也姓姬。鲁昭公娶了吴国夫人,属于同姓联姻,在当时是不符合礼制的。孔子明知鲁昭公行为不妥,却仍然说他"知礼",难免会被别人说是有私心。

孔子听弟子说了这件事之后,感叹自己何其幸运,只要犯了错误,

孔子和他的弟子们：④师业传承

就会被别人发现并且提醒自己。孔子这么说，就等于大方地承认了自己的错误。

"君子坦荡荡"[2]，事实上，虽然孔圣人也难免犯错，但他勇于承认错误，且知错就改。

有一次，他去武城探望弟子言偃，发现这里到处都有弦歌之声。显然，言偃真正贯彻了自己"礼乐治国"的思想，想要用音乐开启民智，教育百姓。然而，孔子又觉得武城太小，所以开玩笑说："割鸡焉用牛刀？"[3] 意思是杀鸡何必用宰牛的刀，大材小用。

言偃认真地解释说，这是老师当年的教诲。孔子知道自己说错了话，便立刻对众弟子说，言偃的话是对的，自己刚才只是开个玩笑而已。

敢于当面向学生承认自己的错误，孔子心胸之豁达可见一斑。

注释

[1] 朽木不可雕：出自《论语·公冶长第三》，后来成为一个成语，用来比喻人不可造就或事物和局势败坏而不可挽救。

[2] 君子坦荡荡：出自《论语·述而第七》，原文是"子曰：'君子坦荡荡，小人长戚戚。'"意思是君子光明磊落，心胸坦荡，小人则斤斤计较，患得患失。

[3] 割鸡焉用牛刀：出自《论语·阳货第十七》，后来演变为成语"杀鸡焉用牛刀"。

《论语·卫灵公第十五》21~42

归咎，找原因。

子曰："君子求诸己，小人求诸人。"

【译文】
　　孔子说："（遇到问题时，）君子从自身找原因，小人从他人身上找原因。"

庄重。

结党营私。

子曰："君子矜而不争，群而不党。"

【译文】
　　孔子说："君子庄重谨慎却不与人争执，合群却不结党营私。"

推举，提拔。

弃，否定。

子曰："君子不以言举人，不以人废言。"

【译文】
　　孔子说："君子不会仅根据言论推举选拔人才，也不会因为一个人有缺点、错误而否定他有价值的言论。"

《论语·卫灵公第十五》21～42

子贡问曰:"有一言而可以终身行之者乎?"子曰:"其'恕'乎!己所不欲,勿施于人。"

一个字。

推己及人,理解、尊重、包容他人。

【译文】
　　子贡问道:"有没有一个字可以终生奉行的呢?"孔子说:"大概是'恕'吧?自己不愿意的,不要强加给别人。"

子曰:"吾之于人也,谁毁谁誉?如有所誉者,其有所试矣。斯民也,三代之所以直道而行也。"

考察,验证。

用作动词,指用民。

指夏、商、周三代。

【译文】
　　孔子说:"我对于别人,诋毁过谁?称赞过谁?如果有所称赞,那一定是经过实践验证过的。夏、商、周三代如此(大公无私地)用民,所以能以正直之道行事。"

《论语·卫灵公第十五》21～42

花言巧语。

子曰:"巧言乱德。小不忍则乱大谋。"

【译文】

　　孔子说:"花言巧语能败坏道德。小事上不能忍耐就会扰乱大的谋划。"

考察。

子曰:"众恶之,必察焉;众好之,必察焉。"

【译文】

　　孔子说:"众人都厌恶他,一定要仔细考察(详情原因);众人都喜欢他,也一定要仔细考察(详情原因)。"

弘扬,光大。

子曰:"人能弘道,非道弘人。"

【译文】

　　孔子说:"人能弘扬道,不是道能弘扬人。"

子曰:"吾犹及史之阙文也,有马者借人乘之。今亡矣夫!"

空缺的字。

音、义同"无"。

【译文】

孔子说:"(早年)我还看得到史书中因为存在疑问就空缺不记的情况,如同有马而不会驾驭的人把马借给别人使用一样。如今则没有这种情况了!"

子曰:"过而不改,是谓过矣。"

用作动词,犯错。

这。

【译文】

孔子说:"犯了错却不改正,这才叫过错呢。"

《论语·卫灵公第十五》21~42

曾经。

没有益处，无用。

子曰："吾尝终日不食，终夜不寝，以思，无益，不如学也。"

【译文】
孔子说："我曾经整天不吃饭，整夜不睡觉，去苦思冥想，（结果）没有长进，还不如去学习呢。"

饥饿。

俸禄。

子曰："君子谋道不谋食。耕也，馁在其中矣；学也，禄在其中矣。君子忧道不忧贫。"

【译文】
孔子说："君子谋求道义，而不谋求饭食。耕田，未必不挨饿；学习知识，则可以获得俸禄。君子担心学不到道义或不能行道义，而不担心会贫穷。"

《论语·卫灵公第十五》21～42

子曰："知及之，仁不能守之，虽得之，必失之。知及之，仁能守之，不庄以莅（lì）之，则民不敬。知及之，仁能守之，庄以莅之，动之不以礼，未善也。"

同"智"。

到，临。这里指临民，即治理百姓。

【译文】

孔子说："智慧足以得到它，（如果）仁德不能守住它，即使得到了它，也一定会失掉它。智慧足以得到它，仁德能够守住它，（但如果）不能庄重地治理它，那么老百姓就不会敬服。智慧足以得到它，仁德能够守住它，能够庄重地治理它，却不按礼的规定来行动，还是不完善。"

子曰："君子不可小知而可大受也，小人不可大受而可小知也。"

"知"，主持，主管。小知，即任用做小事情，管理小范围内的具体事务。

担大任。

【译文】

孔子说："对君子，不可以只让他做小事情，而可以让他担大任；对小人，不可以让他担大任，而可以让他做些小事情。"

超过。

踏，投入，引申为追求，实践。

子曰："民之于仁也，甚于水火。水火，吾见蹈而死者矣，未见蹈仁而死者也。"

【译文】

孔子说："老百姓对于仁德的需要，超过对于水火的需要。我见过溺水蹈火而死的人，没有见过因实践仁德而死的人。"

面对。

师长。

子曰："当仁，不让于师。"

【译文】

孔子说："遇到可实践仁道的机会，即使对老师也不必谦让。"

子曰:"君子贞而不谅。"

正,固守正道。

小信,信誉。

【译文】

孔子说:"君子固守正道,但不拘泥于小信。"

子曰:"事君,敬其事而后其食。"

食禄。

【译文】

孔子说:"侍奉君主,应该恭敬谨慎地对待自己的职责,而把领取俸禄的事往后放。"

《论语·卫灵公第十五》21~42

作动词用,区分。

子曰:"有教无类。"

【译文】
　　孔子说:"对任何人都可以有所教诲,不分出身。"

人们的主张,所追求的目标。

子曰:"道不同,不相为谋。"

【译文】
　　孔子说:"主张不同,就不能一起谋事。"

子曰："辞达而已矣。"

言辞。一说为外交辞令。

【译文】

孔子说："言辞能够表情达意就行了。"

师冕见，及阶，子曰："阶也。"及席，子曰："席也。"皆坐，子告之曰："某在斯，某在斯。"

师冕出。子张问曰："与师言之道与？"子曰："然，固相师之道也。"

名冕的乐师。当时的乐师大多为盲人。

帮助，辅助。

【译文】

师冕来见孔子，走到台阶前，孔子说："这里是台阶。"走到席前，孔子说："这里是坐席。"都坐定了，孔子便告诉他说："某人在这里，某人在那里。"

师冕出去以后，子张问道："这是和乐师说话的方式吗？"孔子说："是的，这本来就是帮助乐师的方式。"

反侵权盗版声明

电子工业出版社依法对本作品享有专有出版权。任何未经权利人书面许可，复制、销售或通过信息网络传播本作品的行为，歪曲、篡改、剽窃本作品的行为，均违反《中华人民共和国著作权法》，其行为人应承担相应的民事责任和行政责任，构成犯罪的，将被依法追究刑事责任。

为了维护市场秩序，保护权利人的合法权益，我社将依法查处和打击侵权盗版的单位和个人。欢迎社会各界人士积极举报侵权盗版行为，本社将奖励举报有功人员，并保证举报人的信息不被泄露。

举报电话：(010)88254396；(010)88258888
传　　真：(010)88254397
E-mail：dbqq@phei.com.cn
通信地址：北京市万寿路南口金家村288号华信大厦
　　　　　电子工业出版社总编办公室
邮　　编：100036